BEI GRIN MACHT SICH IHR WISSEN BEZAHLT

- Wir veröffentlichen Ihre Hausarbeit, Bachelor- und Masterarbeit

- Ihr eigenes eBook und Buch - weltweit in allen wichtigen Shops

- Verdienen Sie an jedem Verkauf

Jetzt bei www.GRIN.com hochladen und kostenlos publizieren

Bibliografische Information der Deutschen Nationalbibliothek:

Die Deutsche Bibliothek verzeichnet diese Publikation in der Deutschen National-
bibliografie; detaillierte bibliografische Daten sind im Internet über http://dnb.d-
nb.de/ abrufbar.

Impressum:

Copyright © 2017 GRIN Verlag
Druck und Bindung: Books on Demand GmbH, Norderstedt Germany
ISBN: 9783346146137

Dieses Buch bei GRIN:

https://www.grin.com/document/540826

Anonym

Ist Global Sourcing als Beschaffungsstrategie noch zeitgemäß?

GRIN Verlag

GRIN - Your knowledge has value

Der GRIN Verlag publiziert seit 1998 wissenschaftliche Arbeiten von Studenten, Hochschullehrern und anderen Akademikern als eBook und gedrucktes Buch. Die Verlagswebsite www.grin.com ist die ideale Plattform zur Veröffentlichung von Hausarbeiten, Abschlussarbeiten, wissenschaftlichen Aufsätzen, Dissertationen und Fachbüchern.

Ist "Global Sourcing" als

Beschaffungsstrategie noch zeitgemäß?

Hochschule Heilbronn

Campus Schwäbisch Hall

Fakultät Management und Vertrieb: Handel

Inhaltsverzeichnis

1. Einleitung

1.1 Problemstellung

Die zunehmende Bedeutung von Globalisierung und Internationalisierung auf den Absatz- und Beschaffungsmärkten u.a. aufgrund der rasanten Entwicklung von neuen IT - Innovationen im heutigen Wirtschaftsgeschehen ist nicht mehr zu übersehen. Diese Entwicklung lässt sich in allen Branchen beobachten. Vergleicht man die internen Produktionskosten mit denen spezialisierter inländischer und ausländischer Zulieferer, lassen sich Produktionskosten in nicht unerheblicher Höhe einsparen, wobei zu bedenken ist, dass eine Outsourcen bisher eigener Produktion freie Kapazitäten für weitere Kundenaufträge schafft.[1] Ein großes Problem stellt der Einkauf mit einer hohen Anzahl von Einkaufsartikeln und Lieferanten dar. Die Herausforderung hat zudem durch Komplexität der Lagerhaltung und die Sicherstellung der Lieferfähigkeit stetig zugenommen, denn hohe Lagerbestände sind in der Regel der größte Posten im Umlaufvermögen.

Ziel sollte es sein, die Beschaffungszeit von Teilen zu minimieren, damit eine rasche Reaktion auf Abnahme- und Preisschwankungen möglich wird. In der Wirtschaft definiert sich Beschaffung über die kostenoptimale Bereitstellung aller Inputfaktoren in Form von Materialien, Anlagevermögen, Rechte und Lizenzen, Dienstleistungen, Kapital und Finanzierungen und Personal.[2] Unterteilt werden kann in direkte Beschaffungsobjekte, die direkt in die Herstellung einfließen wie bspw. das Material eines Bekleidungsstücks, und die indirekten Beschaffungsobjekte, die entweder zur Nutzung (Gebrauchsgüter) oder Konsum (Konsumgüter) im Unternehmen benötigt werden.[3] Hierzu können Nutzungen im administrativen Bereich wie Büromaterialbedarf oder die Inanspruchnahme von Reinigungsdienstleistungen der Werkstätten oder Instandhaltung der Produktionsmaschinen gehören.[4] In der praktischen Wirtschaft interpretiert der Begriff Beschaffung die Zuordnung von Material in Form von Roh-, Hilfs- und Betriebsstoffen, Halbfabrikaten und Handelswaren sowie Dienstleistungen und dessen Verfügungstellung zur Versorgung des Unternehmens, bspw. um in der Textilbranche, Kleidung zu produzieren und zu liefern.[5] Insofern ist das Erfolgspoten-

---

[1] Vgl. Tamm/Günter (2005), S. 147.
[2] Vgl. Hagenloch (2009), S. 61.
[3] Vgl. Melzer – Ridinger (2004), S. 47.
[4] Vgl. Melzer – Ridinger (2004), S. 48.
[5] Vgl. Grün/Jammernegg/Kummer (2009), S. 53; Mathar/Scheuring (2011), S. 75.

tial der Beschaffung branchenabhängig und –spezifisch und ist außerdem abhängig vom Organisationsgrad der Lieferer und Abnehmer.[6] Unterschiede im Beschaffungsmanagement lassen sich somit zwischen national und international agierenden Unternehmen erkennen, denn international agierende Unternehmen haben die Möglichkeit der Ausnutzung ausländischer Ressourcen, müssen aber im Gegenzug hinsichtlich der Versorgungssicherheit mit Unsicherheiten rechnen, die sich aus den Rahmenbedingungen der jeweiligen Bezugsquelle ergeben können wie bzw. politische Unsicherheiten, wirtschaftliche Risiken, Export- und Importbestimmungen, technische, logistische oder finanzielle Probleme des ausländischen Lieferers oder Probleme für eine termingerechte und zuverlässige Lieferung, die insbesondere JIT – Produktionen gefährden kann. Hinzu kommen Koordinationsschwierigkeiten zwischen Mutter- und Tochtergesellschaften, die es zu bedenken gilt. Der Vorteil lässt sich darin erkennen, dass sich inlandsbedingte Lieferschwierigkeiten durch Global Sourcing überwinden lassen, dass lohnkostenbedingte Preisvorteile ausgenutzt werden können und dass Materialien durch Beschaffungsmanagement im Global Sourcing erwerben werden können, die es im Inland nicht gibt.

1.2 Ziel der Arbeit

Das Ziel der Arbeit besteht in der Untersuchung, ob Global Sourcing als Beschaffungsstrategie noch zeitgemäß ist. Hierzu werden theoretische Grundlagen erarbeitet und dann anhand konkreter Beispiele Vorteile und Nachteile untersucht.

1.3 Aufbau der Arbeit und Methodik

Global Sourcing ist eine Beschaffungsstrategie. Insofern werden zuerst theoretische Grundlagen untersucht und näher definiert. Am Beispiel der Textilbranche wird der Paradigmenwechsel im Global Sourcing sowie der aktuelle Trend untersucht, gefolgt von einer detaillierteren Betrachtung von Vorteilen und Nachteile des Global Sourcing. Das dritte Kapitel betrachtet aktuelle Entwicklungen anhand von Freihandelsabkommen wie Ceta und TTIP. Aufgrund der Kürze der Arbeit kann hierbei aber nicht auf alle Details eingegangen werden. Ein Fazit rundet die Arbeit ab.

Die Methodik zur Untersuchung besteht aus reinem Literaturstudium. Die Hauptquellen sind Aufsätze, Monographien oder Sammelwerke, aber auch das Internet. Somit

---

[6] Vgl. Grün/Jammernegg/Kummer (2009), S. 53.

wird die Deskription angewendet, um hieraus Argumente zu formen und Interpretationen zu bilden. Eine gesonderte Forschungsfrage wird für die Arbeit nicht gebildet, sondern es erfolgt ausschließlich eine theoretische Betrachtung. Hierbei sei noch einmal angemerkt, das aufgrund der Kürze der Arbeit nicht auf alle Problematiken eingegangen werden kann

2. Global Sourcing als Beschaffungsstrategie

2.1 Begrifflich systematische Grundlegung

2.1.1 Beschaffungsstrategie

Die Aufgabe jedes Unternehmens besteht darin, Güter beziehungsweise Dienstleistungen für andere Unternehmen oder Privatpersonen zu erzeugen. Für diese Erzeugung sind seinerseits unterschiedliche Inputfaktoren zu berücksichtigen. Die Versorgung des Unternehmens mit diesen Faktoren bezieht sich unter anderem auch *"auf die Bereitstellung der zur Erfüllung der unternehmerischen Aufgaben notwendigen Produktionsfaktoren [..], über die ein Unternehmen nicht selbst verfügt".*[7]

Beschaffung ist hierbei einer ein wichtiger Strukturprozess, um das jeweilige Unternehmen mit den notwendigen Inputfaktoren zu versorgen.

Zur kontinuierlichen und störungsfreien Versorgung Unternehmens mit den notwendigen Inputfaktoren muss ein Zusammenspiel zwischen der Materialwirtschaft, der Logistik und der Beschaffung im Unternehmen erfolgen. Die Logistik hat die Aufgabe räumliche und zeitliche Distanzen zu überbrücken. Die Materialwirtschaft sorgt für eine unternehmensinterne Versorgung mit den notwendigen Faktoren. Währenddessen liegt der Fokus der Beschaffung stets auf dem Markt und ermöglicht somit eine Schnittstelle zwischen Unternehmen und den jeweiligen Beschaffungsmärkten.[8]

Damit ein Unternehmen seine Aufgaben erfüllen kann, muss es Dienstleistungen, Personal, Informationen, Kapital, Rechte und Sachgüter beziehen. Hierbei kann Beschaffung in einem engeren Sinn und einem weiteren Sinne gesehen werden.

Werden alle die zuvor genannten Inputfaktoren berücksichtigt, handelt es sich um den Begriff der Beschaffung im weiteren Sinn.[9] Bei der Beschaffung im engeren Sinne erfolgt lediglich eine Betrachtung der bezogenen Rohstoffe, Hilfsstoffe, Betriebsstoffe und Fertigteile. Diese müssen durch das jeweilige Unternehmen beschafft und

---

[7] Vgl. Hammann/Lohberg (1986), S. 5.
[8] Vgl. Arnold (1997), S. 9.
[9] Vgl. Schentler (2008), S. 13.

zeitnah für die Produktion bereitgestellt werden.[10] Bei dem Prozess der Beschaffung handelt es sich um einen mehrstufigen, aufeinander aufbauenden Prozess.[11] Dieser kann in die nachfolgenden Phasen unterteilt werden:[12]

- vorbereitende Maßnahmen: Bedarfsermittlung und Spezifikation des Bedarfs
- Anbahnung der Beschaffung: Ermittlung von Lieferanten, Erstellen und Versenden von Anfragen, Analyse von Angeboten, Auswahl eines oder mehrerer Lieferanten
- Abschluss der Beschaffung: ggf. Vertragsverhandlungen und Vertragsabschluss
- Realisation der Beschaffung: Überwachung von Vereinbarungen, logistische Aufgaben, Warenannahme, Wareneingangsprüfung, Einlagerung.

Durch die Einhaltung des Beschaffungsprozesses können die mit der Beschaffung verbundenen Ziele erreicht werden wie bspw. die richtigen Güter und Leistungen zum richtigen Zeitpunkt in der richtigen Menge am richtigen Ort und in der richtigen Qualität bereitgestellt werden.[13]

Zu den Hauptzielen der Beschaffung zählt somit die Sicherstellung der Materialversorgung im Unternehmen sowie des planmäßiges Ablaufs von Produktionsprozess und damit verbundener Wertschöpfung.[14] Dieses Hauptziel kann wiederum in mehrere Unterziele unterteilt werden. Hierzu zählt u.a. die Aufrechterhaltung einer Flexibilität beim Beschaffungsprozess. So sollten bspw. Verträge mit Lieferanten unter Berücksichtigung der Volatilität an den Märkten möglichst kurzfristig gestaltet werden. Auch unter Berücksichtigung von Schwankungen bei den benötigten Materialien sollte eine Flexibilität hinsichtlich Lieferterminen und Liefermengen vorhanden sein. Nur so kann das Unternehmen seine Unabhängigkeit gegenüber bestimmten Lieferanten behalten und das Gesamtrisiko minimieren, denn größere Lieferantenabhängigkeiten können bei Lieferantenausfall zu Produktionsausfällen führen.[15]

Als Teil des Versorgungsmanagements im Unternehmen (Supply Management) gestaltet sich das Aufgabenspektrum der Beschaffung querschnittlich:

---

[10] Vgl. Grün/Kummer/Jammernegg (2009), S. 56.
[11] Vgl. Horvárth (2011), S. 532.
[12] Vgl. Piontek (2012), S. 37ff.
[13] Vgl. Gleich/Henke (2010), S. 9.
[14] Vgl. Bogaschewsky/Eßig/Lasch et. al (2014), S. 91.
[15] Vgl. Bogaschewsky/Eßig/Lasch et. al (2014), S. 91.

- Prozessdimension: Implementierung leistungsfähiger Prozessabläufe zwischen den Phasen zur Sicherung nachhaltiger Effizienz
- Marktdimension: Entscheidung zwischen Insourcing und marktlichen Transaktionen
- Lieferantenmanagement und SRM.[16]

Beschaffung hat somit die Aufgabe, alle notwendig verfügbaren Inputs zu liefern, d.h.

- die *richtige* Ware muss zum richtigen Zeitpunkt in der *richtigen* Menge und der *richtigen* Qualität in der *richtigen* Reihenfolge am *richtigen* Ort (Sachziel Versorgungssicherheit)
- zum *richtigen* wirtschaftlichen Preis (Formziel Versorgungswirtschaftlichkeit)
- unter Beachtung von Mitarbeiterinteressen (Sozialziel) und Umweltbelangen (Umweltziel)

sein.[17]

Das Ziel des Beschaffungsmanagement ist eine möglichst effiziente Versorgungssicherheit, sowohl qualitativ als auch quantitativ. Versorgungsrisiken sollen auf ein Mindestmaß reduziert werden unter Ausnutzung von Global Sourcing.[18]

Hier bieten sich drei alternative Bezugsquellen an:

- Beschaffung von regionalen und lokalen Märkten
- konzernfremde Lieferungen aus Ländern, in denen das Unternehmen keine eigenen Produktionsstätten unterhält
- Beschaffung innerhalb des Konzernverbundes.[19]

Berücksichtigt werden muss, dass die Unternehmen durch die zunehmende Globalisierung und dem damit zusammenhängenden Wirtschaftswachstum einer rasant ansteigenden Komplexität des „Systems" Unternehmen ausgesetzt sind.[20] Das Management muss hinsichtlich dessen ständig überwachen und positionieren, dass ein immer aktualisiertes Kompetenz- und Kommunikationssystem implementiert wird, damit die unternehmensinternen Prozesse in ihrer Funktion nicht gestört oder beeinträchtigt werden.

---

[16] Vgl. O.V. (2015), wirtschaftslexikon24.com.
[17] Vgl. Grün/Jammernegg/Kummer (2009), S. 53.
[18] Vgl. Sieck (2011), S. 17.
[19] Vgl. O.V. (2015), Wirtschaftslexikon24.com.
[20] Vgl. Egger/Winterheller (1994), S. 13.

2.1.2 Global Sourcing

Als Beginn des internationalen Globalisierungsprozesses wird allgemein das 1947 in Genf beschlossene GATT Abkommen angesehen (General Agreement on Tariffs and Trade), bei dem sich die Teilnehmerstaaten verpflichteten, den freien Handel erschwerenden Zölle und Gesetze abzuschaffen.[21] Das Ziel des GATT Abkommens bestand darin, Wohlstand und Lebensstandard durch freien und global gestalteten Handel in den Teilnehmerstaaten zu verbessern.[22] Im März 2000 wurde auf dem EU-Gipfel die sog. Lissabon-Strategie verabschiedet, der zufolge die EU bis 2010 der „wettbewerbsfähigste und dynamischste wissensbasierte Wirtschaftsraum in der Welt" werden sollte.[23]

Die Vorteile der Globalisierung für Industriestaaten bestehen in einer Produkt- und Warenvielfalt bei niedrigen Preisen, da viele Produkte heutzutage in den sogenannten Billiglohnländern wie Thailand oder Bangladesh produziert und international günstig angeboten werden können aufgrund der Abschaffung oder Absenkung von Zöllen. Hingegen profitieren die Arbeitnehmer in den Entwicklungs- und Schwellenländern von zunehmenden Arbeitsplatzangeboten und dem damit einhergehenden Wohlstand in ihren Heimatländern. Wirtschaftsbeziehungen, Binnenmarktöffnungen oder grenzüberschreitende Arbeitsmarktöffnungen beeinflussen das gesamtwirtschaftliche inländische Marktgleichgewicht in hohem Maße.

Als problematisch erwiest sich hierbei, dass in den Billiglohnländern eine Billigproduktion nur möglich ist, da niedrigere Umwelt-, Sozial- und Steuerstandards gezielt ausgenutzt werden und Unternehmen die Vorgaben in ihren Herkunftsländern somit umgehen. Die Globalisierung ist aus vielen Branchen nicht mehr wegzudenken, da Kunden bspw. durch das Internet die Möglichkeit offensteht, Produkte weltweit zu erwerben und zu nutzen.

Global Sourcing ist eine Beschaffungsstrategie, die im Gegensatz zur lokalen Beschaffung sich mit internationalen Beschaffungsaktivitäten beschäftigt. Hierbei wird der Zugang zu preisgünstigen Bezugsquellen und Sortimentsdiversifikation ermöglicht und Global Sourcing avanciert in der heutigen Wirtschaftswelt unabhängig von Branche und Unternehmensgröße zu einem bedeutenden Wettbewerbsfaktor, der

---

[21] Vgl. Engelberger (2004), S. 41.
[22] Vgl. Engelberger (2004), S. 41.
[23] Europäischer Rat, 23. und 24. März 2000, Lissabon, SCHLUSSFOLGERUNGEN DES VORSITZES, I.5. .

sich vor allem über Qualität und Preis definiert.[24] Insbesondere im Rahmen von Beschaffungsoptimierung lassen sich durch Global Sourcing Einsparungseffekte im betreffenden Unternehmen erzielen.[25] Eine hohe Kostenersparnis lässt sich hierbei durch die Beschaffung in Niedriglohnländern erzielen[26], wobei jedoch nicht selten auch negative Auswirkungen wie der Einsturz einer Textilfabrik in Bangladesch oder Kinderarbeit in Indien fokussiert werden.

Internationale Beschaffungsstrategien wie Global Sourcing werden durch bspw. folgende die Entwicklungsfaktoren begünstigt:

- technologisch entwickelte Kommunikation, insbesondere das Internet spielt eine nicht mehr wegzudenkende Rolle durch Onlinehandel und Bestellung Just in time
- niedrige Transportkosten im Vergleich zu den Gesamtkosten
- wachsende Bedeutung der Niedriglohnländer und deren Bemühungen der Unternehmensbindungen im internationalen Steuerwettbewerb
- fallende Handelsbarrieren und großflächige Wirtschaftsräume wie die EU sowie grenzüberschreitend gültige technische, aber auch andere Standards
- Unterstützung eigener Outputaktivitäten.[27]

Durch Global Sourcing erweitern sich die Beschaffungsmärkte und auf Dauer wird sich darauf aufbauend die Lieferantenstruktur in den meisten Unternehmen ändern. Die Textilbranche bspw. ist eine der Branchen, die diese Umstrukturierungen thematisieren muss, denn die Herstellung von Kleidung und anderen Textilien ist sehr lohnintensiv und hat sich schon weitestgehend in Niedriglohnländer verlagert. Hier setzt das Global Marketing an: ausländische Beschaffungsmärkte erschließen und geographische Nähe der Zulieferer und regionale Besonderheiten ausnutzen. Kommunikations- und Informationsaustausch lassen sich über entsprechende EDV Systeme optimal gestalten. Internationalität und Globalität ist hier kein Hindernis, sondern eine Erweiterung von Rahmenbedingungen im Beschaffungsmanagement.[28] Durch derart implizierte kurze Kommunikationswege im Global Sourcing werden Ein-

---

[24] Vgl. Diederichs (2014), S. 18.
[25] Vgl. Diederichs (2014), S. 19.
[26] Vgl. Diederichs (2014), S. 18.
[27] Vgl. Gablers Wirtschaftslexikon (o.J.). M. w. N. der Beweggründe für Global Sourcing sieh. Diederichs (2014), S. 22. Abb. 5.
[28] M.w.N. Schunda in Little (2013), S. 83ff.

kaufsprozesse optimiert und Reaktionszeiten verkürzt. [29]

Die internationale Mobilität von Produktionsfaktoren, die Liberalisierung der Güter-, Kapital- und Arbeitsmärkte, verbesserte Technologien, insbesondere im Kommunikationsbereich und die Zunahme multinationaler Unternehmen führten dazu, dass grenzüberschreitende wirtschaftliche Aktivitäten im Zuge der Globalisierung stark ansteigen.[30] Das Gefälle der Gewinnsteuersätze im europäischen Binnenmarkt übt einen starken Anreiz auf internationale Unternehmen aus, sich einer hohen Besteuerung durch Gewinnverlagerungen und Gestaltungsspielräume zu entziehen.[31] Das Steuerbelastungsgefälle innerhalb der EU beeinflusst hierbei die Geschäftstätigkeit von Unternehmen im Binnenmarkt und führt zu Verzerrungen bei der Wahl des Standorts, der Art einer Investition sowie ihrer Finanzierung.[32] So werden bspw. Produktionsstandorte der Bekleidungsbranche in billigere osteuropäische Staaten oder nach Asien verlagert. Durch die wachsende internationale Arbeitsteilung und der zunehmenden Flexibilisierung und Rationalisierung der Produktion sowie der Umstrukturierung der Industrienationen in Dienstleistungsländer wächst auch die Existenz von Ausbeutung.

Allerdings beschränkt sich Global Sourcing nicht nur auf Kostenoptimierung durch eine preisgünstigere Beschaffung.[33] Durch die Erschließung internationaler Marktchancen wird eine strategische Bedeutung eröffnet, da bei vorherrschender Kostenführerschaft Global Sourcing Kostenvorteile erwirtschaften, im Falle der Differenzierung entsprechende Differenzierungsmöglichkeiten ermöglichen muss.[34] Aufgrund der Unterschiede in Kultur und Gesetzgebung erweist sich aber immer eine individuelle Anpassung an jeden Zielmarkt als erforderlich.[35] Insofern entstehen allerdings hohe finanzielle und personelle Aufwendungen. Ziel eines jeden Unternehmens sollte es sein, langfristig seine Wettbewerbsfähigkeit zu erhalten. Insofern hängt es von sozioökonomischen, rechtlichen Rahmenbedingungen, Produktlebenszyklen, Preis- und Kostendruck ab, welche Beschaffungsstrategie als geeignet gewählt wird. Global Sourcing ist ein Weg. Oft erscheint es sinnvoll, um Lokalisierungs- und Globalisierungsvorteile effizient nutzen zu können, ein Strategiemix zu verwenden.

---

[29] M.w.N. Schunda in Little (2013), S. 83ff.
[30] Vgl. BMF (2007), S. 8.
[31] Vgl. BMF (2007), S. 8.
[32] Vgl. BMF (2007), S. 8.
[33] Vgl. Gablers Wirtschaftslexikon (o.J.).
[34] Vgl. Gablers Wirtschaftslexikon (o.J.).
[35] Vgl. Petzold/Merget (2009), S. 18.

Global Sourcing ist nur gegeben, wenn potentielle ausländische Lieferanten permanent als Informations- und Beschaffungsquelle genutzt werden.[36] Somit lässt sich Global Sourcing auch als Importstrategie klassifizieren.[37] Im Extremfall können hiermit auch direkte Investitionen verbunden sein wie bspw. die Gründung von Niederlassungen oder Kooperationen, der Einsatz von Beratern oder Handelszentren. Eine besondere Relevanz kommt virtuellen Einkaufsplattformen via Internet zu.

2.2 Paradigmenwechsel: Global Sourcing mit Blick auf den Kunden am Beispiel der Textilbranche

2.2.1 Orientierung von Beschaffung an geänderten Zielkundenbedürfnissen

Umfragen zufolge hat Bekleidung den Stellenwert eines Wegwerfartikels angenommen. Greenpeace hat in einer Umfrage mehr als tausend Menschen zwischen 16 und 69 Jahren befragt. Von 5,2 Mrd. Kleidungsstücken in deutschen Schränken würden 40 % sehr selten oder nie getragen; Frauen besitzen durchschnittlich 118 Kleidungsstücke (ohne Strümpfe und Unterwäsche), Männer 73 Teile.[38] Jeder Achte nutzt seine Schuhe weniger als ein Jahr. Ins Bild der Wegwerfmentalität passt, dass die Hälfte der Befragten noch nie Kleidung zum Schneider gebracht hat; mehr als die Hälfte der 18- bis 29-Jährigen war noch nie beim Schuster.[39] 64 % sortieren bei Nichtgefallen Kleidungsstücke aus, 83 % haben noch nie Kleidung getauscht, mehr als 50 % hat noch nie Kleidung verkauft. Oft landen aussortierte Kleidungsstücke im Müll, ohne über alternative Verwendungsmöglichkeiten wie Spenden beim DRK oder Oxfam oder Weitergabe an Einrichtungen für bedürftige Personen nachzudenken. Nachgedacht wird auch nicht über die Konsequenzen für die Umwelt und die Gesundheit, da Kleidung mit giftigen Chemikalien produziert wird und im Müll zu erhöhten Belastungen für Umwelt und Gesundheit beiträgt.[40] Wunsch und Realität klafft auch bei der Frage nach Gütesiegeln Jeder zweite Befragte schätzt Gütesiegel als Hilfe für Nachhaltigkeit, Fairness in der Herstellung und Umweltverträglichkeit ein, nur jeder Vierte achtet beim Kauf darauf.[41]

---

[36] Vgl. Bedacht (1995), S. 84.
[37] Vgl. Gablers Wirtschaftslexikon (o.J.).
[38] Vgl. o.V. (23.11.2015), Berliner Zeitung, S. 22..
[39] Vgl. o.V. (23.11.2015), Berliner Zeitung, S. 22.
[40] Vgl. o.V. (23.11.2015), Berliner Zeitung, S. 22.
[41] Vgl. o.V. (23.11.2015), Berliner Zeitung, S. 22.

Wichtig sind für viele Umfrageteilnehmer Trendwechsel, so dass mehr und mehr Kleidungsstücke aussortiert werden. Insofern nicht weiter verwunderlich, dass Online – Shopping boomt. Die Wettbewerbsbedingungen haben sich grundlegend geändert, nicht zuletzt durch die verstärkte Nutzung des Internets als Vertriebskanal und die hohen Konzentrationsbewegungen auf der Anbieterseite, die einen aggressiven Verdrängungswettbewerb initiiert.[42] Der europäische Wettbewerb ist dadurch gekennzeichnet, dass der Preis zum Hauptentscheidungsargument wird, gleichzeitig aber von den Kunden immer höhere Aktualität und Qualität verlangt wird.[43] Um der Marktstagnation entgegenzuwirken und langfristige Erfolge generieren, liegen hier für jeden Bekleidungshändler große Herausforderungen. Neben der schnellen Reaktion auf individuelle Kundenwünsche, die von wechselnden Modetrends und Saisonalitäten beeinflusst werden, spielt hier eine konkurrenzfähige Kostenstruktur eine wesentliche Rolle. Durch Global Sourcing eröffnet sich der Textilbranche eine Möglichkeit, durch unmittelbare Gestaltung und Steuerung der Supply Chain beträchtliche Kostenpotentiale zu generieren.[44]

Bekleidungshändler, die heute noch traditionell einkaufen, gehen unkalkulierbare Risiken ein, denn Ware, die für die Regale eingekauft wird, avanciert oft zum Ladenhüter. Die Ursache liegt in geänderten Zielkundenbedürfnissen: kaufte der Kunde früher, was im Laden präsentiert wurde, bestimmt der Kunde heute selbst, was er kaufen und tragen will und erwartet hierbei, dass ihm genau diese Erwartungshaltung erfüllt wird.[45] Das grenzenlos offerierte Angebot bestärkt ihn in seiner Erwartungshaltung, denn Discounter wie Aldi oder Handelsketten wie C & A bieten auch Mode für den kleinen Preis. Aber auch internationale Anbieter wie Zara oder Esprit haben sich den geänderten Kundenbedürfnissen angepasst und so findet sich bei Onlineplattformen wie Zalando Mode für jedermann. Gleichzeitig hat sich die Flexibilität der Kunden geändert und eine Jeans von C & A zu einem Sakko von Hilfinger oder ein Kleid von H & M mit Pumps von Gabor zu kombinieren, ist längst kein Stilbruch mehr, sondern ein Zeichen von Individualität.[46]

Sieger im Wettbewerb in der hart umkämpften Textilbranche kann nur derjenige sein, der die Wünsche und Bedürfnisse des Kunden am besten erfüllen kann. Nur wenn aus Sicht des Kunden die richtigen Produkte zur richtigen Zeit und einem angemes-

---

[42] Vgl. Merkel/Breuer et. al (2008), Geleitwort, S. V.
[43] Vgl. Merkel/Breuer et. al (2008), Geleitwort, S. V.
[44] Vgl. Merkel/Breuer et. al (2008), Geleitwort, S. VI.
[45] Vgl. Merkel/Breuer et. al (2008), S. 49.
[46] Vgl. Merkel/Breuer et. al 2008), S. 10.

senen Preis am Point of Sale zur Verfügung stehen, lassen sich durch Maximierung des Kundennutzens hohe Umsätze generieren. Somit gewinnt Beschaffungsmanagement eine ähnliche Bedeutung wie die Gewinnung von Absatzmärkten. Größtenteils wird der Kampf um den Kunden nicht erst am Point of Sale entschieden, sondern bereits in den Regionen, wo Einkäufer in Erfüllung der Erwartungshaltung des Kunden aktiv werden.[47] Beschaffungsziele sind daher an Zielkundenbedürfnissen zu orientieren. Abhängig von den Zielgruppen mit ihren individualisierten Bedürfnissen haben Faktoren wie Qualität Kosten und Zeit in puncto Trendnähe und Verkaufspreis unterschiedliche Bedeutungen.[48]

Je nach Sortiment und Markenpositionierung muss hier jedes Unternehmen der Textilbranche seine unternehmensspezifischen Parameter finden. Global Sourcing ist somit eine von mehreren Beschaffungsstrategien, wenn auch nicht die unwichtigste.

2.2.2 Bewertung der Attraktivität internationaler Beschaffungsmärkte

Eine der zentralen Fragen in der Bekleidungsbranche ist die Frage nach dem Produktionsstandort. Favorit für viele Unternehmen ist nach wie vor China, aber auch andere Länder haben ihre Vorteile, die im Rahmen eines optimierten Länderportfolios genutzt werden sollten.[49] Vorerst wird China für europäische und nordamerikanische Unternehmen das maßgebliche Beschaffungsland bleiben[50], mittel- und langfristig wird sich dies aber ändern. Aufgrund niedriger Lohnkosten kann günstiger produziert werden, als es eine Automatisierung im Heimatland es erlaubt. Auf der Suche nach effizienten Gestaltungsmöglichkeiten entstehen Einkaufskooperationen: bspw. wird das Leder für Schuhe in Südamerika gekauft, die Sohlen in Indonesien oder China, die Herstellung der Oberteile erfolgt in Indien und in Italien werden alle Teile zusammengefügt. Das Ganze heißt dann „Made in Italy".[51]

Neben China und Bangladesch nimmt die Türkei gleichfalls eine Top – Position ein. Früher als Billiglohnland begehrt, liegen die Vorteile der Türkei heute in der Nähe zum europäischen Absatzmarkt (hohe Liefergeschwindigkeit und zeitnahe Trendumsetzung) sowie der Erhöhung der Kreativität auf Produkt- und Kollektionsebene in

---

[47] Vgl. Merkel/Breuer et. al (2008), S. 12.
[48] Vgl. Merkel/Breuer et. al (2008), S. 17.
[49] Vgl. Merkel/Breuer et. al (2008), S. 10.
[50] Vgl. Merkel/Breuer et. al (2008), S. 52, Abb. 3.1.
[51] Vgl. Merkel/Breuer et. al (2008), S. 52.

den letzen Jahren.[52] Die Länderentscheidung hat relevante Auswirkungen auf die Zielgrößen Kosten, Qualität und Zeit und ist eng verknüpft mit allen anderen Entscheidungen des Beschaffungsmanagements. So lassen sich bestimmte Produkte nicht auf allen Märkten kaufen, bspw. fehlt in Bangladesch das Know How zur Fertigung aufwändiger Verzierungen.[53] Auf die Notwendigkeit der Transportmittel ist zu achten: so steht das Flugzeug für schnellen Transport, wird aber mit Blick auf die CO_2 Bilanzen zukünftig an Stellenwert verlieren. Hier punkten bspw. durch die Beschaffungsnähe osteuropäische Länder.[54] Bei internationalen Einkaufsorganisationen ist zu überlegen, ob es sich lohnt, eigene regionale Beschaffungsbüros einzurichten. Patentrezepte gibt es aufgrund der schnellen Dynamik und spezifischen Situationen und Anforderungen an ein Unternehmen nicht.

Neben einer hohen Qualität und niedrigen Kosten ist die Attraktivität eines Beschaffungslandes bspw. auch abhängig von schneller, pünktlicher Lieferung und politischer Stabilität, vorhandener logistische Infrastruktur und Verfügbarkeit der Grundstoffe und Rohstoffe im betreffenden Land. [55]

2.3 Trends im Global Sourcing

Neben zahlreichen Vorteilen wie günstigere Einstandspreisen, Zugang zu neuen Beschaffungs- und Absatzmärkten sowie weltweiten Qualitätsführern, Ausnutzung von Inflations- und Konjunkturdifferenzen oder der Verfügung über Ressourcen, die im Inland nicht vorrätig sind oder gänzlich fehlen, lassen sich aber auch zahlreiche Nachteile identifizieren: geographische Distanzen und hieraus resultierende erhöhte Anforderungen an die Logistik, schwierigere Kommunikation aufgrund Interkulturalität und hieraus resultierender höherer Kommunikationsaufwand, längere Reaktionszeiten bei Qualitätsmängeln, die schon angesprochenen Rechtsunsicherheiten und Währungsrisiken. Zukünftig werden Teilbereiche wie Risikomanagement, Interkulturalität und internationale Zusammenarbeit bspw. im Einkauf oder Kooperationen und Strategische Allianzen an Bedeutung gewinnen.[56]

Zu beachten ist hierbei, dass der Internethandel an Bedeutung gewinnt und durch die Eurokrise die Absatzmärkte in Europa schwächeln. Vermehrt ersetzen lokale Zentren

---

[52] Vgl. Merkel/Breuer et. al (2008), S. 56.
[53] Vgl. Merkel/Breuer et. al (2008), S. 56.
[54] Vgl. Merkel/Breuer et. al (2008), S. 57.
[55] M.w.N. Merkel/Breuer et. al (2008), S. 59 – 74.
[56] Vgl. O.V. (17.09.2012), Markt und Mittelstand.

inländischer Unternehmen das Global Sourcing.[57] Vermehrt wird dort eingekauft, wo sich Produktion und Vertrieb befinden: "Local Sourcing for Local Sales". Der Einkauf wandelt sich und die Gewichtung hat sich verschoben, gesourct wird vermehrt vor Ort.[58]

2.4 Vor- und Nachteile der Beschaffungsstrategie

2.4.1 Vorteile von Global Sourcing

Angesprochen wurden Vorteile und Nachteile schon mehrmals. Das wesentliche Pro für Global Sourcing liegt in der Kostenreduktion, denn insbesondere lohnintensive Branchen müssen in Deutschland hohe Lohnkosten einkalkulieren, die sich auf den Endverbraucherpreis auswirken. Eine günstige Teilproduktion im Ausland kann hier als Preisreduzierung dem Endverbraucher weitergegeben werden. Ein Händler, der auf internationale Lieferbeziehungen verweisen kann, hat zudem einen höheren Verhandlungsspielraum gegenüber inländischen Lieferanten. Global Sourcing eröffnet Beschaffungsmöglichkeiten bspw. für Stoffe wie Seide, die im Inland nicht hergestellt wird.

Wie schon angesprochen eröffnet Global Sourcing auch Möglichkeiten, auf individuelle und ausgefallene Kundenwünsche eingehen zu können und so dem Kunden einen Mehrwert zu geben. Kundennutzen und Kundenbindung an ein Unternehmen haben hierbei eine große Bedeutung, denn ein loyaler Kunde ist unter Umständen bereit, für ein bestimmtes, ihn überzeugendes Produkt einen höheren Preis zu zahlen.[59] Das Kaufverhalten von Kunden ist hierbei das Ergebnis eines komplexen Zusammenspiels von sozialer, persönlicher, kultureller und psychologischer Faktoren.[60] Durch individualisierte, auf die Bedürfnisse des Kunden zugeschnittene Offerten kann die Kundenorientierung optimiert werden.[61]

Wettbewerbsvorteile durch Global Sourcing können sich für das Unternehmen in diesem Zusammenhang daraus ergeben, dass die steigende Wettbewerbsrelevanz des Leitbildes der Nachhaltigkeit als Herausforderung für Innovationen oder Möglichkeiten neuer unternehmerischer Chancen fungiert. Nachhaltigkeitsanforderungen sind in diesem Zusammenhang Antrieb für eine verbesserte betriebliche Innovationspolitik.

---

[57] Vgl. O.V. (17.09.2012), Markt und Mittelstand.
[58] Vgl. O.V. (17.09.2012), Markt und Mittelstand.
[59] Vgl. Pedergnana/Vogler (2003), S. 13.
[60] Vgl. Kottler/Armstrong/Saunders (2007), S. 331.
[61] Vgl. Biesel (2002), S. 61.

Die Bewertung von Nachhaltigkeitsleistungen erhält auch zunehmende Relevanz durch Veränderungen wirtschaftlicher Nutzungsformen in einzelnen Sektoren mit erheblichen Risiken für die ökologischen Belange.[62] Häufig erfolgt der Ansatz an den externen Kosten ökonomischer Aktivitäten, d.h. die erbrachte ökonomische Leistung ist um ihre externen Kosten zu korrigieren.[63] Der als Resultat errechnete so genannte Green soll zum Ausdruck bringen, ob verursachte ökologische Schäden durch genügende Werteschaffung ausgeglichen wird.[64]

Vielfach liegen einer Orientierung der Unternehmenspolitik an Nachhaltigkeit auch die Berücksichtigung der Übernahme von Verantwortung und Imageförderung zugrunde. Unternehmensnetzwerke bspw. econsense, UN Global Compact oder CSR Europe verleihen der Nachhaltigkeit durch Übernahme von Corporate Social Responsibility Glaubwürdigkeit. Eine weitere Konzeptierung zur Erhöhung von Legitimität und Glaubwürdigkeit im Global Sourcing sind verbindliche Gütesiegel wie MSC und FSC bzw. der Blaue Engel oder die Schaffung von Sozial- und Umweltstandards wie SA 8000 oder die ISO 14001.

2.4.2 Nachteile von Global Sourcing

Contras lassen sich wie folgt aus den vorherigen Kapiteln subsumieren: längere Transportwege und hieraus resultierend längere Lieferzeiten und höherer logistischer und Koordinierungsaufwand, Kommunikationsschwierigkeiten und höherer Informationsbedarf aufgrund von Interkulturalität, wirtschaftliche Risiken durch politische Instabilität des Beschaffungslandes oder Wechselkursschwankungen, Nachteile durch eine längere Reaktionszeit bei Qualitätsmängeln oder falschen Lieferungen. Sind besondere Verarbeitungstechniken gefragt, lässt sich nicht in jedem Land das erforderliche Know How bereitstellen. Arbeitgeber greifen aufgrund des Kostendrucks gern auf Leiharbeitskräfte oder Niedrigentlohnung aus inländischen Arbeitskräftebeständen zurück oder verändern ihre Strategie zum "make or buy" mit höherem Bezug aus Niedriglohnländern und Verlagerung von Angestelltentätigkeiten in Niedriglohnländer.

---

[62] Steigerung der Nutzungsintensität in der Landwirtschaft durch Chemikalieneinsatz, Ausbau von Monokulturen oder Einsatz von Gentechnik; Zersiedelung und Großprojekte: vgl. Osthort (2008), S. 300, 308.
[63] Vgl. Figge/Hahn (2004) in DIW Berlin, S. 128.
[64] Vgl. Figge/Hahn (2004) in DIW Berlin, S. 128.

Eine Ordnungswidrigkeit in Deutschland begeht, wer vorsätzlich oder fahrlässig den Mindestlohn nicht zahlt oder nicht rechtzeitig zahlt. Gemäß § 2 (1) Nr. 9 MiLoG kann derjenige mit einer Geldbuße bis 500.000 € belegt werden. Ein derartiges Gesetz kennen Niedriglohnländer nicht. Das Gleiche gilt für den Umweltschutz. Im Bereich des Umweltschutzes hat die EU zahlreiche Verordnungen und Richtlinien mit umwelt- rechtlichen Zielsetzungen erlassen sowie eine Vielzahl nicht rechtsverbindlicher Mit- teilungen und Leitlinienmit dem Ziel, die Umweltverschmutzung einzudämmen und insbesondere Regelungen auf dem Gebiet der Abfallentsorgung[65], der Lärmbeläsi- gung[66], der Wasser- und Luftverschmutzung[67] und des Naturschutzes[68] zu treffen. Niedriglohnländer kennen derartige Standards nicht und insofern lässt sich kosten- günstiger produzieren und einkaufen. Als negativ lassen sich auch mangelnde Min- deststandards für Arbeitssicherheit und Kinderarbeit einstufen.

2.4.3 Zulieferung und Belieferung an Kunden und Verbraucher

Fasst man die vorhergehenden Ausführungen zusammen, dann besteht der Vorteil für den Kunden darin, dass durch die Anwendung von Global Sourcing Kosten ein- gespart werden können und dies an den Endverbraucher weitergeben werden kann. Hierbei muss der Kunde jedoch auch ein Einkaufsbewusstsein für sich selbst entwi- ckeln, denn in der Konsequenz hat ein billiger Verkaufspreis auch „seinen Preis": Verletzung umweltrechtlicher und arbeitsrechtlicher Standards, Kinderarbeit und Ausbeutung durch niedrigste Löhne und schlimme Arbeitsbedingungen. Wegen rechtlicher und wirtschaftlicher länderspezifischer Probleme können Lieferprobleme entstehen und die Ware erreicht den Kunden nicht wie gewünscht. Insbesondere wenn es sich um Terminware handelt wie bspw. bei saisonalen Geschäften (Weih- nachten, Ostern) üblich, sollte diese Problematik mit einkalkuliert werden.

---

[65] EG-Verordnung über die Verbringung von Abfällen EU-Amtsblatt-Text der Verordnung (EG) Nr. 1013/2006 des Europäischen Parlaments und des Rates vom 14. Juni 2006 über die Verbringung von Abfällen sowie Berichtigung vom 28. November 2008.
[66] Nur ein halbes Jahr nach der Veröffentlichung der neuen EU-Vibrationsschutz - Richtlinie ist am 15. Februar 2003 die revidierte Fassung der bisherigen EU Lärmschutz-Richtlinie 86/188/ EWG im EU Amtsblatt L veröffentlicht worden. Sie wurde als 17. Einzelrichtlinie der ArbeitsschutzRahmenrichtlinie 89/391/EWG zugeordnet.
[67] Richtlinie 80/68/EWG des Rates vom 17. Dezember 1979 über den Schutz des Grundwassers ge- gen Verschmutzung durch bestimmte gefährliche Stoffe.
[68] VO (EG) Nr. 865/2006 vom 4. Mai 2006 mit Durchführungsbestimmungen zur Verordnung (EG) Nr. 338/97 des Rates über den Schutz von Exemplaren wild lebender Tier- und Pflanzenarten durch Überwachung des Handels (ABl. L 166 vom 19.6.2006, S. 1), geändert durch: Verordnung (EG) Nr. 100/ 2008 der Kommission vom 4. Februar 2008 L 31 3 5.2.2008.

3. Aktuelle Entwicklungen und hieraus entstehende Vorteile und Nachteile

3.1 TTIP: Pro und Contra

Das Freihandelsabkommen TTIP (Transatlantic Trade and Investment Partnership) zwischen den USA und der EU war der Handelserleichterung gedacht. Als vorteilig wurde argumentiert, dass deutsche Unternehmen von den Zollerleichterungen profitieren und in der Konsequenz geschätzte zwei Millionen neue Arbeitsplätze geschaffen werden würden. Durch den Wegfall von Zöllen könnten Waren aus dem Ausland billiger angeschafft werden.[69] Die beiden größten Studien im deutschsprachigen Raum, für die Bertelsmann - Stiftung[70] und für das Wirtschaftsministerium[71], gehen von rund 200.000 neuen Arbeitsplätzen in Deutschland innerhalb von fünfzehn Jahren und mehr als eine Million neuer Jobs in den USA und von einer langfristigen Erhöhung des Pro Kopf Einkommens in den TTIP Ländern.

Allerdings lassen sich auch Nachteile konkretisieren. Zum einen konnten sich beide Verhandlungsseiten bisher nicht über den Umfang der Anpassung von Zöllen, Sicherheitsstandards und Wettbewerbsregeln einigen. Befürchtet wird bei einer möglichen Privatisierung des Gesundheitssystems sinkende Standards, steigende Preise für Medikamente - und auch die Möglichkeit, dass die medizinische Versorgung nicht mehr für alle gilt.[72] Das Chlorhühnchen ist zu einem Streitsymbol im Streit um TTIP geworden, denn die in den USA noch einmal in Chlorwasser gespülten Hühnchen dürfen bislang nicht auf dem europäischen Markt verkauft werden. Im Zuge des TTIP fürchten Verbraucherschützer den Ausverkauf der hohen europäischen Auflagen für Lebensmittel.[73] Das Gleiche gilt für die Aufweichung von Arbeitnehmerschutz und Umweltschutz.

Als problematisch ist die Thematik einzustufen, dass die USA durch TTIP auch eine gewisse Mitbestimmung bei der europäischen und nationalen Gesetzgebung erhalten würden. Angedacht ist eine Informations- und Austauschpolitik über politische und gesetzliche Änderungen. Insofern könnte kein Umwelt- oder Verbraucherschutzge-

---

[69] Vgl. Grimm (02.05.2016), Stern.de, S. 1.
[70] https://www.bertelsmann-stiftung.de/fileadmin/files/BSt/Presse/imported/downloads/xcms_bst_dms_38052_38053_2.pdf.
[71] http://www.bmwi.de/BMWi/Redaktion/PDF/Publikationen/transatlantische-handels-und-investitionspartnerschaft-ttip,property=pdf,bereich=bmwi2012,sprache=de,rwb=true.pdf.
[72] Vgl. Grimm (02.05.2016), Stern.de, S. 2.
[73] Vgl. Grimm (02.05.2016), Stern.de, S. 3.

setz mehr durchgesetzt werden können, wenn es den internationalen Handel zwischen den Vertragspartnern erschwert oder gar behindert.[74]

In der 15. Runde in New York vom 03. bis 07.10.2016 wurden die Verhandlungen in allen Bereichen fortgeführt, fokussiert auf regulatorische Themen, wie bspw. der regulatorischen Kooperation.[75] Angesichts der neuesten Ergebnisse der Präsidentschaftswahlen ist ein Ausgang schwer zu prognostizieren.

3.2 Freihandelsabkommen zwischen Vietnam und der EU

Nach China ist die EU der Handelspartner Nr. 2. 2013 wurden 19 % der weltweiten Exporte von ca. 25 Mrd. Dollar in die EU durchgeführt.[76] Aus der EU werden vor allem Hightech-Produkte, Fahrzeuge, Maschinen und pharmazeutische Produkte nach Vietnam importiert und im Gegenzug elektronische Produkte, Schuhe, Kaffee, Textilien, Reis, Meeresfrüchte und Möbel in die EU exportiert.[77] Der bilaterale Handel hat sich von ursprünglich 6,5 Mrd. Dollar auf inzwischen mehr als 33 Mrd. Dollar verfünffacht.[78]

Als voraussichtliche Verlierer trotz erfolgreichen Exports gelten Vietnams Kleinbauern, denn nicht alle profitieren vom Freihandelsabkommen. Aufgrund der Beschäftigungsquantität zählt Vietnam als Agrarland, da 2/3 der arbeitenden Bevölkerung in Land-, Forstwirtschaft und Fischerei beschäftigt ist und zu 90% in ländlichen Gegenden ohne weitere Beschäftigungsmöglichkeiten wohnt.[79] Seit den 1990ern kann Vietnam beeindruckende Wachstumzahlen in der Landwirtschaft vorweisen: die Pfefferproduktion verdreifachte sich innerhalb von 10 Jahre, die Kaffeeproduktion wuchs um das Doppelte. Für Pfeffer, Kaffee und Shrimps ist steht Vietnam als Exporteur an zweiter Stelle, für Reisen an zweiter oder dritter Stelle.[80]

Und doch ist gerade die im Export so erfolgreiche Landwirtschaft am härtesten vom Abkommen betroffen, denn die billigen Agrarimporte nach Wegfall der Handelsbarrieren verschärften dramatisch die Situation der vietnamesischen Kleinbauern.[81] Australien, die USA und die EU kämpfen für ihre Überschüsse um Marktanteile auf dem vietnamesischen Markt. Als problematisch erweist sich, dass die meisten Betriebe in

---

[74] Vgl. Grimm (02.05.2016), Stern.de, S. 5.
[75] Vgl. BMWi (2016).
[76] Vgl. Ludwig (04.08.2015}, Handelsblatt. Online.
[77] Vgl. Ludwig (04.08.2015}, Handelsblatt. Online.
[78] Vgl. Ludwig (04.08.2015}, Handelsblatt. Online.
[79] Vgl. Strategiepapier der EU Vietnam 2007 – 2013, S. 8.
[80] Vgl. Samson (19.11.2006) Vietnam – Spezial und Samson (11.01.2007).
[81] Vgl. Strategiepapier der EU Vietnam 2007 – 2013, S. 8.

der Sozialistischen Republik Vietnam Staatsunternehmen sind, denen die Erfahrung von Marktökonomie und Marktgleichgewichten fehlt[82]. Insofern wird sich der Druck in allen vietnamesischen Branchen verschärfen und die Unternehmen zwingen, effizienter zu arbeiten und zu produzieren. Es ist davon auszugehen, dass diese Bedingung nicht von jedem erfüllt werden kann, so dass Unternehmenszusammenbrüche und Entlassungen vorprogrammiert sind.

Trotz Optimismus fehlt es an Know How. Insofern werden sich die Importschocks seitens europäischer, australischer und amerikanischer Güter drastischer auswirken, da sie teilweise billiger, aber auch besser sind und somit die einheimischen Produkte im Wettbewerb schlagen.

Der vietnamesische Arbeitsmarkt lockt ausländische Investoren mit jungen motivierten Arbeitskräften und niedrigen Löhnen ohne die Rahmenbedingungen für industrielle Projekte bieten zu können. Insofern stellte sich die Frage, wie die agrarökonomisch ausgerichtete Wirtschaft Vietnams auf die veränderten Nachfrage- und Angebotsbedingungen reagieren wird, denn die derzeit implementierte politische und wirtschaftliche Struktur wird sich als ein Hemmschuh erweisen, um Vietnam auf den Weg des Wandels von einem Agrarstaat zu einem Industriestaat zu führen.[83]

„Das Freihandelsabkommen bietet Vietnam Chancen für die dringend nötigen Reformen und könnte die stagnierende Wirtschaft wieder in Schwung bringen", stellte die Konrad-Adenauer-Stiftung in einer Länderstudie fest. „Für Asien und Europa könne sich dass Freihandelsabkommen als Garant für neue Dynamik in den verbesserungswürdigen Außenbeziehungen beider Seiten sowie für ein vertieftes gegenseitiges Verständnis erweisen."[84]

3.3 Freihandelsabkommen zwischen der EU und Kanada

Ceta ist die englische Abkürzung für das Freihandelsabkommen zwischen der EU und Kanada (Comprehensive Economic ans Trade Agreement), dessen Ziel es ist, durch die Streichung von Zöllen und Angleichung unterschiedlicher Standards und Normen den Handel und das Wirtschaftswachstum anzukurbeln.[85] Nach Angaben des Statistischen Bundesamtes ist Kanada auf Rang 31 unter den größten Handels-

---

[82] Vgl. Strategiepapier der EU Vietnam 2007 – 2013, S. 8.

[83] Vgl. Strategiepapier der EU Vietnam 2007 – 2013, S. 8.
[84] Ludwig (04.08.2015}, Handelsblatt. Online
[85] Vgl. dpa (13.10.2016), Berliner Zeitung, Nr. 240, S. 2.

partnern Deutschlands.[86] Doch nicht alle sind von der Nützlichkeit des Abkommens überzeugt und Ceta ist recht umstritten. So wurden fünf Klagen gegen die Bundesregierung, verbunden mit Eilanträgen, vor der Unterzeichnung auf den Weg gebracht und das BVerfG musste sich mit der Problematik beschäftigen. Aus der Sicht der Ceta – Gegner beschneidet das Abkommen zum einen die politischen Mitwirkungsrechte der Bürger, denn in Teilen sollte Ceta noch vor der Zustimmung des Bundestages und der anderen Parlamente in Kraft treten.[87] Der zentrale Ceta – Ausschuss soll eigenmächtig Vertragsänderungen vornehmen können, obwohl Deutschland dort nicht vertreten ist.[88] Zum anderen stellt Ceta nach Ansicht der Gegner den freien Handel über den Umwelt- und Verbraucherschutz.[89] Hierbei sei an die unter dem Punkt 2.4.2 aufgeführten Nachteile von Global Sourcing erinnert.

Am 14.10.2016 ebnete das BVerfG in Karlsruhe den Weg für Ceta, wenn auch unter Auflagen.[90] Aber auch in anderen EU – Staaten gab es teilweise massive Widerstände wie bspw. Österreich, Rumänien und Bulgarien. Rumänien und Bulgarien hatten nichts gegen Ceta, wohl aber ein Problem mit Kanada, da die Bürger nach wie vor ein Einreisevisa benötigen.[91] Am hartnäckigsten stimmte die französischsprachige Wallonien in Belgien gegen Ceta, wo es Bedenken vor allem mit Blick auf die öffentliche Daseinsvorsorge gab.[92]

Für Kanada ist Ceta wichtiger als für Europa, denn die EU ist nach den USA Handelspartner Nr. 2, für Europa hingegen ist Kanada nur der zwölftwichtigste Handelspartner. Kanada hofft auf 18.000 neue Jobs und auf Zugang zu öffentlichen Aufträgen in Europa. Prognostiziert soll der auf rd. 80 Mrd. € umfassende Handel zwischen der EU und Kanada durch Ceta um fast 25 % steigen.[93]

---

[86] Vgl. dpa (13.10.2016), Berliner Zeitung, Nr. 240, S. 2.
[87] Vgl. dpa (13.10.2016), Berliner Zeitung, Nr. 240, S. 2.
[88] Vgl. dpa (13.10.2016), Berliner Zeitung, Nr. 240, S. 2.
[89] Vgl. dpa (14.10.2016), Berliner Zeitung, Nr. 241, S. 6.
[90] Vgl. dpa (14.10.2016), Berliner Zeitung, Nr. 241, S. 6.
[91] Vgl. dpa (14.10.2016), Berliner Zeitung, Nr. 241, S. 6.
[92] Vgl. dpa (14.10.2016), Berliner Zeitung, Nr. 241, S. 6.
[93] Vgl. dpa (19.10.2016), Berliner Zeitung, Nr. 245, S. 7.

Das CETA-Abkommen umfasst folgende Punkte:

- Senkung von Zöllen und Abschaffung nicht-tarifärer Handelshemmnisse (98,6 % aller kanadischen und 98,7 % aller europäischen Zölle sollen wegfallen)
- Liberalisierung des Handels von Dienstleistungen
- Öffnung von öffentlichen Ausschreibungen
- Abbau von Hemmnissen für ausländische Direktinvestitionen
- Investitionsschutz

und im Gegensatz zu TTIP inhaltlich genau bekannt.[94] Allerdings sind einige Passagen bewusst vage gehalten, da erst die Zukunft entsprechende Auswirkungen hier zeigen kann. Die folgende Tabelle fasst die Vor- und Nachteile von CETA zusammen[95]:

Pro	Contra
positive Entwicklung von Handelsvolumen, Bruttoinlandsprodukt und Pro-Kopf-Einkommen; diese Effekte fallen für die EU jedoch nur gering aus	Absenkung von Produktstandards durch Zusammenarbeit in Regulierungsfragen möglich
neue Absatzchancen für mittelständische Unternehmen	teure Schadensersatzforderungen von Investoren an Regierungen
Wettbewerb kann zu höherer Qualität bei niedrigeren Preisen führen sowie zu höherer Produktvielfalt	auch Klagen von Drittstaaten sind über Tochterfirmen in CETA-Staaten möglich
Qualifikationen ausländischer Dienstleister werden einfacher anerkannt	CETA-Ausschuss kann Abkommen weiterentwickeln, ohne dass Parlamente dem zustimmen müssen
ausländische Investoren bringen neues Kapital in die beteiligten Länder	Rekommunalisierung von Dienstleistern der Daseinsvorsorge kann erschwert werden

---

[94] Vgl. o.V. (2016), Anwalt.org.
[95] Vgl. o.V. (2016), Anwalt.org.

Die Negativliste von CETA umfasst u.a. Dienstleistungen in den Bereichen Bildung, Gesundheit, sozialen Diensten und Wasserversorgung. Dies bedeutet, dass Dienstleister aus allen anderen Bereichen wie Strom- und Gasversorgung, Abwasserentsorgung, aber auch ehemals öffentlicher Wohnungsbau nicht wieder rekommunalisiert werden dürfen, wenn sie einmal privatisiert wurden.[96]

4. Fazit und Schlussfolgerungen

Globalisierung und Internationalisierung spielen eine zunehmende Schlüsselrolle im heutigen Wirtschaftsgeschehen, denn durch die rasante Entwicklung und den Einsatz neuer Kommunikations- und Informationstechnologien gestalten sich wirtschaftliche Vorgänge branchen- und länderübergreifend. Kostendruck, sinkende Stückzahlen sowie kürzere Produktlebenszyklen bei gleichzeitig steigenden Amortisationszeiten und nicht zuletzt auch die stetig steigenden Energiepreise erfordern flexible und dynamische Unternehmensstrukturen, um den veränderten Marktverhältnissen konkurrentenadäquat begegnen zu können.

Handel gehört zu den ältesten Erwerbsquellen der Menschen und schon in vorgeschichtlicher Zeit existierten Handelsverbindungen wie Salz- oder Bernsteinrouten, um Rohstoffen und Güter zu tauschen. Bis heute hat sich nichts daran geändert, dass Handel für die Existenz von Gesellschaften, insbesondere aber für die Entwicklung moderner Industriegesellschaften, unverzichtbar ist; denke man an Rohstoffe wie Seltene Erden, die nur in wenigen erkundeten Lagerstätten bspw. in Indien, Australien oder China förderbar sind. Auch benötigen Industrieländer Absatzmärkte, da die Binnenmärkte mit hochwertigen Produkten schnell gesättigt sind. Globalisierung vernetzt die einzelnen Volkswirtschaften immer intensiver und eröffnet Chancen für freie Märkte und freien Handel oder für die Verlagerung von Produktionsstätten. Hierbei erweisen sich regionale und internationale Handelsabkommen als unabkömmlich. Diese unterscheiden sich in Art und Umfang zum Teil sehr erheblich. So kann regional eine Region bedeuten wie eine chinesische Sonderwirtschaftszone oder wie die Stadt Hamburg, aber auch einen Staat wie Vietnam oder ein Bündnis wie die EU oder wie EFTA und NAFTA Gemeint sein können auch Steueroasen oder Billiglohnländer. Auch in ihrem Umfang unterscheiden sich Handelsabkommen

---

[96] Vgl. o.V. (2016), Anwalt.org.

teilweise erheblich; in der Regel geht es darum, eigene Dienstleistungen oder Produkte global zu vermarkten oder Beschaffungsmärkte zu akquirieren.

Regionale Handelsabkommen können so auf Globalisierungsprozesse positive als auch negative Effekte entwickeln, abhängig davon, wird die Abkommen mit welchem Zweck abschließt. Nicht selten diesen Entwicklungsländer als Lieferanten für billige Rohstoffe oder Absatzmärkte für Konsumgüter, wobei die Industriestaaten die Preise vorgeben oder mit Dumpingpreisen für Exportgüter die einheimische Wirtschaft ruinieren. Andererseits bewirken regionale Abkommen durch die Verbindung mit anderen Staaten die Schaffung von Arbeitsplätzen und die Verbesserung der Lebensbedingungen, einhergehend mit der Begründung von Wohlstand und der Anhebung des Bildungsniveaus.

Ein modernes tragfähiges Konzept der heutigen Globalisierung spricht aus ökonomischer Perspektive sowohl den verstärkten internationalen Export als auch den Import an und zwar nicht nur von Form von Endprodukten und Rohstoffen, sondern zunehmend die primären Produktionsfaktoren Arbeit und Kapital. Hierbei stellen sich die Fragen, unter welcher Bedingung Globalisierung tragbar ist und inwiefern und auf welche Weise Marktöffnungen vorteilhaft für die beteiligten Länder sind. Auch die Frage nach dem Wohlfahrtsgewinn und wer nach Marktöffnungen innerhalb einer Volkswirtschaft über ökonomische Anpassungsprozesse zu Globalisierungsgewinnern oder –verlierern zählt, ist eine Problematik, die von theoretischen Modellen und praktischen Erfahrungen geklärt werden muss.

Importe besitzen eine hohe Arbeitsmarktrelevanz besitzt und Importsteigerungen bedingen den Verlust sehr vieler Arbeitsplätze einhergehend mit einer erheblichen Einschränkung von Lebensqualität, wenn nicht gar ein Verlust derselben. Zum einen bewirken Arbeitsmarktöffnungen und Arbeitskräfteimporte einen fallenden Lohnsatz sowie einen Kapazitäten-überschuss, der sich in einer Steigerung der Arbeitslosigkeit, in sinkenden Einkommen mit einhergehender Beeinträchtigung der Work – life – Balance bis hin zum Verlust der Lebensqualität und dem Verlust von Vermögenswerten durch bspw. Insolvenz niederschlägt. Zum anderen bedingt die Öffnung des Binnenmarktes für den freien Güterverkehr ähnliche Ergebnisse, denn ein Anstieg der Importquoten verringert die einheimische Produktion und Dienstleistungsbereitstellung mit der Folge von weitreichenden Verlusten von Arbeitsplätzen aufgrund von Produktionsstillstand, Betriebsschließungen, Wegbruch von Marktanteilen, Kosteneinsparungen und Rationalisierungsmaßnahmen der betroffenen Branchen. Die Folgen gleichen denen der Arbeitsmarktöffnung: steigende Arbeitslosigkeit, sinkende Einkommen, Beeinträchtigung oder Verlust von Lebensqualität.

Global Sourcing ist eine Strategie, um auf die geänderten Bedürfnisse der Kunden zielgerecht eingehen zu können. In immer mehr Geschäften finden sich die gleichen Marken und markenorientierte Einzelhändler stehen vor großen Herausforderungen. Unter diesen geänderten Rahmenbedingungen ändert sich auch die traditionelle Beschaffungsfunktion. Früher eher vernachlässigt und kostenorientiert, prägt sie als Gestalter heute das Gesamtergebnis entscheidend mit. Hauptaugenvermerk liegt auf der Wahl der Produktionsländer sowie der Auswahl und Steuerung der Lieferanten, vorzugsweise mit Entwicklungskompetenz. Internationale Kooperationsmodelle gewinnen an Bedeutung. Gleichzeitig sind durch das vermehrte Einfordern von ökologischen Verhalten und Nachhaltigkeit durch die Kunden die Logistiksysteme und Vertriebsmöglichkeiten zu überdenken. Dies beeinflusst die Beschaffungsstrategie Global Sourcing und leitet eine Trendwende ein zu „Local sourcing for local Sales.".

Literaturverzeichnis

Arnold, Ulli.: Beschaffungsmanagement, 2. Aufl., Stuttgart 1997

Bedacht, Franz: Global Sourcing, Diss., Wiesbaen 1995

Biesel, Hartmut: Kundenmanagement im Multi – Channel - Vertrieb, Wiesbaden 2002

BMF (2007): Gutachten des Wissenschaftlichen Beirats beim Bundesministerium der Finanzen (März 2007): Einheitliche Bemessungsgrundlage der Körperschaftsteuer in der Europäischen Union. URL:
http://www.bundesfinanzministerium.de/nn_4342/DE/BMF__Startseite/Service/Downl
oads/Abt__I/0703231a3003,templateId=raw,property=publicationFile.pdf
(10.10.2016)

BMWi (2016): Verhandlungen und Akteure. URL:
http://www.bmwi.de/DE/Themen/Aussenwirtschaft/Freihandelsabkommen/TTIP/verha
ndlungsprozess.html (abgerufen 14.11.2016)

Bogaschewsky, R./Eßig, M./Lasch, R./Stölzle, W. (Hrsg.): Supply Management Research: Aktuelle Forschungsergebnisse 2014, Wiesbaden 2014

Diederichs, Markus: Global Sourcing, Hamburg 2014

dpa: Gabriel verteidigt Ceta, Berliner Zeitung vom 13.10.2016, Nr. 240, S. 2

dpa: freihandelsabkommen: Die Bundesverfassungsrichter machen den Weg für Ceta frei. Doch sie stellen Bedingungen, Berliner Zeitung vom 14.10.2016, Nr. 241, S. 6

dpa: Ceta – Entscheidung vertagt, Berliner Zeitung vom 19.10.2016, Nr. 245, S. 7

Egger, Anton/Winterheller, Manfred: Kurzfristige Unternehmensplanung, 8. Aufl., Wien 1994

Engelberger, Lukas: Die unmittelbare Anwendung des WTO Rechts in der Schweiz, Bern 2004

Europäische Union, Strategiepapier zu Vietnam für den Zeitraum 2007 – 2013. URL: https://ec.europa.eu/europeaid/sites/devco/files/csp-vietnam-2007-2013_de.pdf (abgerufen am 19.11.2016)

Figge, Frank/Hahn, Tobias: Sustainable Value Added – Ein neues Maß des Nachhaltigkeitsbeitrages von Unternehmen am Beispiel Henkel KGaA, in: Vierteljahreshefte zur Wirtschaftsforschung 73 (2004), 1, S. 126 – 141.

Gablers Wirtschaftslexikon (o.J.): Global Sourcing. URL: http://www.wirtschaftslexikon24.com/d/global-sourcing/global-sourcing.htm (21.10.2016)

Gleich, Ronald; Henke, M. (Hrsg.): Beschaffungs-Controlling: Grundsätze und Konzepte zur Optimierung von Einkauf, Beschaffung und Lieferantenmanagement: Praxisbeispiele aus unterschiedlichen Branchen: Instrumente, Handlungsempfehlungen und Möglichkeiten der IT-Unterstützung, Freiburg 2013

Grimm, Katharina: Diese Gefahren lauern hinter TTIP, Tisa und Ceta, Stern.de. URL:http://www.stern.de/wirtschaft/news/ttip--tisa--ceta--das-kommt-auf-verbraucher-zu-3462954.html#mg-1_1479764952931 (abgerufen 14.11.2016)

Grün, Oskar/Jammernegg, Werner/Kummer, Sebastian: Grundzüge der Beschaffung, Produktion und Logistik, München 2009

Hagenloch, Thorsten: Einführung in die Betriebswirtschaftslehre, Norderstedt 2009

Hammann, Peter; Lohrberg, Werner.: Beschaffungsmarketing, Stuttgart 1968

Horváth, Peter; IFUA Horvarth & Partners: Das Controlling-Konzept. Der Weg zu einem wirkungsvollen Controllingsystem, 4. Aufl., München 2000

Kottler, P/ Armstrong, G/ Saunders, J./ Wong, V.: Grundlagen des Marketing, 4. Aufl., München 2008

Mathar, Hans Joachim/Scheuring, Johannes: Logistik für technische Kaufleute und HDW, 2. Aufl., Zürich 2011

Melzer – Ridinger, Ruth: Materialwirtschaft und Einkauf, 4. Aufl., München 2004

 Merkel, Helmut/Breuer, Peter/Eltze, Christoph/Kerner, Jürgen: Global Sourcing im Handel, Berlin/Heidelberg 2008

Osthorst, Winfried: Potentiale für Nachhaltigkeit? Raumentwicklung zwischen Verwertungsdruck und ökologischen Steuerungszielen in: Nachhaltigkeit als radikaler Wandel, S. 289 – 312, Wiesbaden 2008

o.V. (17.09.2012): Global Sourcing wird lokaler, Markt und Mittelstand. URL: http://www.marktundmittelstand.de/index.php?id=1124641 (05.11.2016)

o.V. . Wirtschaftslexikon24.com: Beschaffungsmanagement (2015). URL: http://www.wirtschaftslexikon24.com/d/beschaffungsmanagement/beschaffungsmana gement.htm (abgerufen am 21.10.2016)

O.V. (23.11.2015): Kleidung als Wegwerfartikel, Berliner Zeitung, S. 22. Auch URL: http://www.berliner-zeitung.de/wirtschaft/deutsche-betrachten-kleidung-als-wegwerfware,10808230,32484558.html#plx657426312 (25.10.2016)

Pedergnana, Maurice/Vogler, Stefan/Schneider, Martin: Banks & Brands, Bern 2003

Pezoldt, Kerstin/Merget, Benedikt: Internationales Verlagsmarketing in Mittel- und Osteuropa, Osteuropa – Wirtschaft, 54. Jg., 1-2/2009, S. 9 - 24

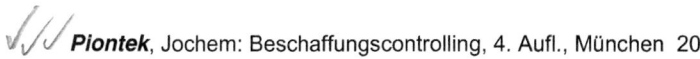 **Piontek**, Jochem: Beschaffungscontrolling, 4. Aufl., München 2012

Schentler, Peter: Beschaffungscontrolling in der kundenindividuellen Massenfertigung, Graz 2008

Schunda, Michael: International Sourcing: Modelle für europäisches und globales Beschaffungsmarketing. In: Little, Arthur D. (Hrsg): Einkauf – Produktion – Logistik, Wiesbaden 2013, S. 83 -88

Sieck, Hartmut: Key Account Management, 2. Aufl., Norderstedt 2011

Tamm, Gerrit/Günther, Oliver: Webbasierte Dienste, Heidelberg 2007